N
360°
NNE
22,5°
NE
45°
ENE
67,5°
90°
ESE
112,5°
SE
135°
SSE
157,5°
180°
S
SSW
202,5°
SW
225°
WSW
247,5°
270°
WNW
292,5°
NW
315°
NNW
337,5°

N
360°
NNE
22,5°
NE
45°
ENE
67,5°
90°
ESE
112,5°
SE
135°
SSE
157,5°
180°
S
SSW
202,5°
SW
225°
WSW
247,5°
270°
WNW
292,5°
NW
315°
NNW
337,5°

S
N
N
S

Printed in the USA
CPSIA information can be obtained
at www.ICGtesting.com
LVHW071352171023
761317LV00014BA/26